BEI GRIN MACHT SICH IHR WISSEN BEZAHLT

AF151960

- Wir veröffentlichen Ihre Hausarbeit, Bachelor- und Masterarbeit

- Ihr eigenes eBook und Buch - weltweit in allen wichtigen Shops

- Verdienen Sie an jedem Verkauf

Jetzt bei www.GRIN.com hochladen und kostenlos publizieren

GRIN

Christine Konkel

Literaturkritik, Merkmale des Absurden Theaters und die dramatische Idee in Opern-Libretti von Mozart und Da Ponte

Masterprüfung Germanistik (Prüfungsvorbereitung für die mündliche Prüfung)

GRIN Verlag

Bibliografische Information der Deutschen Nationalbibliothek:

Die Deutsche Bibliothek verzeichnet diese Publikation in der Deutschen National-
bibliografie; detaillierte bibliografische Daten sind im Internet über http://dnb.d-
nb.de/ abrufbar.

Dieses Werk sowie alle darin enthaltenen einzelnen Beiträge und Abbildungen
sind urheberrechtlich geschützt. Jede Verwertung, die nicht ausdrücklich vom
Urheberrechtsschutz zugelassen ist, bedarf der vorherigen Zustimmung des Verla-
ges. Das gilt insbesondere für Vervielfältigungen, Bearbeitungen, Übersetzungen,
Mikroverfilmungen, Auswertungen durch Datenbanken und für die Einspeicherung
und Verarbeitung in elektronische Systeme. Alle Rechte, auch die des auszugsweisen
Nachdrucks, der fotomechanischen Wiedergabe (einschließlich Mikrokopie) sowie
der Auswertung durch Datenbanken oder ähnliche Einrichtungen, vorbehalten.

Impressum:

Copyright © 2011 GRIN Verlag GmbH
Druck und Bindung: Books on Demand GmbH, Norderstedt Germany
ISBN: 978-3-656-71875-8

Dieses Buch bei GRIN:

http://www.grin.com/de/e-book/278010/literaturkritik-merkmale-des-absurden-
theaters-und-die-dramatische-idee

GRIN - Your knowledge has value

Der GRIN Verlag publiziert seit 1998 wissenschaftliche Arbeiten von Studenten, Hochschullehrern und anderen Akademikern als eBook und gedrucktes Buch. Die Verlagswebsite www.grin.com ist die ideale Plattform zur Veröffentlichung von Hausarbeiten, Abschlussarbeiten, wissenschaftlichen Aufsätzen, Dissertationen und Fachbüchern.

Besuchen Sie uns im Internet:

http://www.grin.com/

http://www.facebook.com/grincom

http://www.twitter.com/grin_com

M.A.-Prüfung Germanistik

1)Literaturkritik
2)Merkmale des Absurden Theaters
3)Die dramatische Idee in Opern-Libretti von Mozart und Da Ponte

1) Literaturkritik

Walther von LaRoche:

- Meinungsbildende journalistische Stilformen sind der Kommentar, die Glosse, die Kritik bzw. Rezension, Leitartikel und Kolumnen. (S.153)

- Es gibt verschiedene Arten von Kommentaren: 1. Den Argumentations-Kommentar (beinhaltet Argumente beider Seiten), 2. Der Geradeaus-Kommentar (verzichtet auf Argumente und schimpft geradeaus oder lobt), 3. Der Einerseits-andererseits-Kommentar (ein Aufzeigen von Argumenten ohne Entscheidung für eine Seite ist auch Kommentar, kein Kommentar ist das Berichten von Hintergründen, denn der Kommentar setzt Informationen voraus) (S.154)

- Glosse: feuilletonistische Sprache mit Eleganz, polemisch, ohne Zugeständnisse und Einräumungen, die Schwäche des Gegenstandes erfassend, bloßstellend, nicht argumentierend, sondern hart, ironisch, witzig, listenrein, die Pointe muss überraschend sein, manche Leser verstehen die Ironie nicht, gute Glossenschreiber gibt es wenige, Glossenschreiben ist schwer erlernbar, weil zur Beherrschung der Form auch Mutterwitz und Boshaftigkeit dazu kommen, die nicht jeder hat (S.156/157)

1

- Kritik und Rezension: Unterschied zu Kommentar und Glosse: Die Kritik vereint Unterrichtung und Beurteilung, der Rahmen der stilistischen Möglichkeiten ist weit gespannt, doch der Anfänger sollte sachlich zurückhaltend sein, im Urteil und im Stil, man braucht Sachkunde und einen Blick für Details, kritiklose Lobhudelei ist keinen Deut besser als liebloses Heruntermachen (S.157/158)

Wolf Scheider/ Paul-Josef Raue:

- Kommentar: der Redakteur versucht dem Leser seine Meinung schmackhaft zu machen, kurz zu Beginn wird kurz die Nachricht geschrieben, auf die er sich bezieht, schreibt er gegen die Mehrheit der Leser an, sollte er ihr erst einmal Recht geben und dann mit guten Argumenten dagegen halten, der Kommentator muss sich für eine Seite entscheiden, unterscheidet fünf Kommentartypen: 1. Einerseits-andererseits-Kommentar, 2. Der Pro- und-Contra-Kommentar: während bei Typ 1 oft das klare Fazit fehlt, gehört zum diesem Typ eine klare Schlussfolgerung dazu, 3. Meinungsartikel: mit der anderer Meinung beginnen und dann die "Andersdenkenden" mit eigenen Argumenten überzeugen, 4. Der Kurzkommentar: Geradeaus, ohne Argumente, Aufbau: Zitat dem der Autor zustimmt, fremde Argumentation, Zuspitzung der Argumentation und Urteil, 5. Das Pamphlet: kommt ohne Argumente aus und wirkt wie ein Keulenschlag, wer seinen Gefühlen freien Lauf lässt, muss die Wirkung bedenken, "Zünden verboten!" steht über solch polemischen Texten oft (S.137-144)

- Die Satire: wird in der Zeitung selten so genannt, sondern Kolumne, Glosse, Lokalspitze, Streiflicht (Süddeutsche), Feuilleton (wird heute meist als Name vom Kulturteil genommen, also dem genauen Gegenteil von Witz und Anschaulichkeit), die taz ist voll von Satiren, Streiflicht ohne Autorenangabe: Vorteil, man kann ohne Rücksicht auf Reaktionen jahrzehntelang schreiben und keinen Angriff auslassen und der Zorn trifft die Zeitung nur allgemein, Redakteure kündigen meist an: Vorsicht Satire. Wer das nicht tut, lebt gefährlich. (S.144-148)
- Die Satire ist ein unterhaltsamer, mitunter attackierender, bissig-böser oder

sarkastischer Kommentar (S.149)

Dagmar Lorenz:

- Kommentar: hat einen argumentativen Kern, in dessen Mittelpunkt eine bestimmte Bewertung steht, eine Orientierung über den zugrundeliegenden Sachverhalt und die Präsentation einer Gegenposition (S.145)

- Mit dem Kommentar verwandt sind der Leitartikel und die Kolumne. Ebenso gibt es noch die Glosse (hier gibt es im Gegensatz zum Kommentar einen zugespitzten polemischen Stil, bei ihr geht es darum einen schon bestehenden Sachverhalt zu einem Thema noch zu verstärken). Die Glosse bedient sich einer Vielzahl rhetorischer Elemente: Wortspiele, gewagte Metaphern, Vergleiche, Sprichwörter. (S.147)

- Anz sagt: Die Literaturkritik benutzt fast alle journalistischen Gattungen, darunter vor allem Rezension, das Portrait, das Interview, die Reportage, den Essay. (S.148)

- Im Gegensatz zur Literaturkritik, muss die Theaterkritik zwischen Werk und Aufführung differenzieren und bei Kritiken, die Veranstaltungen zum Gegenstand haben, steht das Erleben im Vordergrund (S.148)

- Die prominenten Theaterkritiker der 20. Jahrhunderts (Alfred Kerr, Alfred Polgar, Herbert Ihering) förderten mit ihren Urteilen die Karriere von Regisseuren und Schauspielerin. (S.149)

- Anz: Der Literaturkritiker soll nicht versuchen sich auf Kosten eines Werkes zu profilieren. (S.151)

- Weitere Möglichkeit: Der Essay. Er unterscheidet sich durch die Freiheit seiner strukturellen Gestaltung und das Fehlen verbindlicher Kompositionsrichtlinien von den anderen Textgattungen. (S.152)

Heinz Pürer:

- Zum Beginn einer Rezension gehören Fakten über die Wiedergabe eines Inhaltes eines Theaterstückes, einer Oper, eines Buches oder eines Films, die Nennung von Autor und Darstellern, die Ausstattung, die Regie, anschließend folgen Prüfung und Einordnung durch Nennung der charakteristischen Merkmale, ebenso braucht man gesellschaftspolitische Wertung (S.187)

- Kritik ist immer subjektiv, muss aber von erkennbarer fachlicher Kompetenz getragen sein. Sie soll engagiert sein, darf sich jedoch nie in jene Manie steigern, die mehr dem eigenen Ich des Kritikers dient als dem Kunstwerk und dem Publikum. Solche Kritik disqualifiziert sich selbst und macht sich lächerlich (S.188)

- Aufgaben der Kritik
1. Sie soll künstlerischem Schaffen zu Publizität verhelfen.
2. Sie soll dem Künstler Berater und Förderer, auf jeden Fall aber Vermittler zum Publikum sein.
3. Sie soll dem Publikum dienen, indem sie Kunstwerke und künstlerisches Schaffen und Gestalten in Inhalt und Form vorstellt, einordnet und beurteilt. (S.188)

- Peter Glotz und Wolfgang Langenbucher kritisierten schon 1969 in dem Buch "Der missachtete Leser" die Kritik, demnach werde zu selten auf gesellschaftliche und politische Zusammenhänge eingegangen und es fehle an einer Abwechslung der Darstellungsformen wie Reportage, Interview, Glosse oder Feature (S.188/189)

- Thema Hörfunk- und Fernsehkritik: Drei Viertel aller Kritiker haben noch nicht einmal als Hospitant bei Fernsehen oder Radio gearbeitet: auch bei anderen Kritiken unerlässlich (S.193)

- Kritik im Radio darf nicht gelesen klingen und muss von Anfang an für den Hörer verständlich sein, dazu braucht es kurze Sätze, metaphernreiche verschachtelte Sätze gehören nicht ins Radio. (S.193/194)

- ORF: festangestellte Mitarbeiter dürfen keine Meinungskommentare abgeben, Hilfe: Gastkommentatoren (S.194)

- Kritik im öffentlich-rechtlichen Fernsehen gibt es nicht, aber sie kann ausgelöst werden durch das Gespräch, den Kommentar (darf kein Meinungskommentar sein), die Reportage oder die Dokumentation (durch dramaturgisch gestaltete Gegenüberstellungen, Filmschnitt, Raffung (S.196/197)

Claudia Mast:

- Neben Kritik und Kolumne nennt sich noch die Karikatur: sie verzerrt nicht nur die Form, sondern übertreibt auch im Inhalt und stellt Dinge in überspitzter Form dar (S.308)

- FAZ hat sich immer als Meinungsblatt verstanden, sie will die Leser nicht nur informieren, sondern auch für bestimmte gesellschafts- und wirtschaftspolitische Positionen gewinnen , Grundpositionen sind in den Kommentaren immer zu finden, man muss bei dem Grundtenor der Meinung bleiben, sonst wird man als Zeitung unglaubwürdig (S.309/310)

- Ein guter Kommentar muss für sich stehen können, d.h. der Leser muss ihn verstehen auch wenn er die Nachricht nicht gelesen hat (S.311)

- Auf ich- und wir-Form ist im Kommentar zu verzichten, ebenso darf man nicht verletzend werden (S.311)

- am ehesten kann man schlechte Sänger ausmachen, Verrisse gehören in die Zeitung, mit ewigem Mittelmaß zerstört man viel (S.437)

- das eine Art Rezensionsfriedhof überhaupt entstehen konnte ist die Schuld der Kritiker selbst, zu lange haben sie einfach das Gleiche gemacht (S.437)

- es erobern neue Themen das Feuilleton: Architektur, Medienkunst, Netzgeschichten, sowie Themen, die auch andere Ressorts interessieren: Börsenkrach, Weltraumforschung etc. (S.438)

- Der Essay verdrängt ein bisschen die Kritik, Porträt und Reportage werden als Darstellungsformen beliebter, das Feuilleton wird unberechenbarer und das ist seine Chance, damit kann man auch mehr junge Leser gewinnen. (S.438)

Sascha Michel:

- Ranicki: 1960-1973: Kritiker bei der Zeit, 1973-1988: Frankfurter Allgemeine, 1988-2001: Literarisches Quartett (S.240)

- Ranicki nimmt entschlossen den Standpunkt des Publikums ein (schreibt Gustav Seibt) und macht die Kritik damit zu einer wirkungsvollen und unterhaltsamen Angelegenheit (S.240)

- Merkmale sind die Ablehnung alles Akademischen und Theoretischem und die prüfende Wahrnehmung ästhetischer Reize (S.240)

- Ranickis Vorbilder waren Fontane, Tucholsky und Kerr (S.241)

- Ranicki hat nie Unfehlbarkeit in Anspruch genommen, er benutzt oft Polemik, doch er muss sich den Vorwurf der soziologischen Naivität gefallen lassen, ebenso habe er einen Literaturbegriff, der sich nicht mit der Mehrdeutigkeit von Gegenständen befassen möchte (S.242)

- RR: Eine Kritik ist eine Polemik, die sich nicht nur für oder gegen den Autor ausspricht, sondern auch für oder gegen ein bestimmtes Verständnis von Literatur, erst der persönliche Hintergrund des Kritikers, kann seine teils heftigen Reaktionen erklären (S.244/245)

- RR: Bei dem Gegenstand, den er befürwortet braucht der Kritiker die Beziehung auf ein Ganzes nicht, bei dem, den er verwirft doch, weil dort der Kritiker den Bezug zum Ganzen braucht und was Exemplarisches herstellen muss. (S.245)

- RR: Kritiken brauchen Klarheit und Deutlichkeit, aber dem Kritiker werden viele Fallen gestellt, es ist schwer zugleich Kritiker und Gentlemen zu sein, oft wäre Höflichkeit gegenüber dem Autoren nur auf Kosten der Klarheit möglich (S.247)

- RR: Nach wie vor gelten Lessings Worte: Die Höflichkeit ist keine Pflicht, und nicht höflich sein ist noch lange nicht grob sein. Freimütig sein ist Pflicht, sogar es it der Gefahr sein, darüber für ungesittet und bösartig gehalten zu werden. (S.247)

- RR: Je klarer ein Kritiker urteilt, umso nachdrücklicher demonstriert er Lesern und Kollegen seine Unabhängigkeit (S.247)

- RR: Ein Kritiker, der sich nicht zur Deutlichkeit durchringen kann und sich in einerseits- und-andererseits Aussagen verstrickt und zu keiner klaren Meinung durchringen kann, der hat seinen Beruf verfehlt. (S.248)

- RR: Je stärker und offenkundiger sein Engagement, desto stärker der Widerspruch oder (seltener) die Zustimmung, die der Kritiker provoziert. (S.249)

- RR: Nur dem, er die Wertung umgeht, bleibt der Vergleich mit dem Schulmeister erspart. (S.249)

Thomas Anz, Rainer Baasner:

- Schon in Antike und Spätantike lassen sich erste Vorformen der Kritik finden, mit den Humanisten wird die kritische Beschäftigung mit der literarischen Tradition intensiviert (S.14/15)

- Arbeit an einem Kanon war im 17. Jahrhundert erst möglich, als sich eine Volkssprache zu formieren begann, wichtig war auch die Opitzsche Reform (S.15)

- Neukirchsche Sammlung, zwischen 1695 und 1727 in sieben Bänden veröffentlicht Anthologie zeitgenössischer Dichtung, herausgegeben von Benjamin Neukirch und Friedrich Wilhelm Juncker, die der 1727 erschienenen Anthologie vorangestellte "Untersuchung Herrn Gottfried Benjamin Hanckens Weltlicher Gedichte" unterscheidet sich von den anderen Büchern in weniger poetologischer Wertung, sie ist ein Verriss, mit scharfen Argumenten legt er die Mängel und Unstimmigkeiten eines aktuellen literarischen Textes dar (S.16/17)

- Wichtig auch die von Christian Thomasisus 1688 bis 1690 publizierten Monats=Gespräche, dort diskutieren drei Dialogpartner über ein festgelegtes Thema, die Literaturkritik mutiert zu einer kulturellen Praxis (S.18), es sind zwischen drei und fünf Dialogpartner, die sich fiktiv an einen Ort versammeln und es entwickelt sich ein Wettstreit divergierender Ansichten, Ziel der Gespräche ist kein Konsens, sondern die Ausfaltung diverser Ansichten (S.19)

- In der Zeitschrift CURIEUSE BIBLIOTHEK stellte Ernst Tentzel Bücher selbst als Rezensent vor 1702 (S.20)

- Thomasius Zeitschrift Gedancken bespricht kaum Poesie oder Belletristik, sondern mehr populärwissenschaftliche Literatur und kann deshalb nicht als Literaturkritik in dem Sinne verstanden werden, dass mit ästhetischen Maßstäben dichterische Leistungen beurteilt werden (S.21)

- Gottsched schreibt 1726: Die Rezensenten müssen nicht die Personen antasten, sondern sie so viel wie möglich schonen und bloß über die Sache schreiben. (S.23)

- Aufklärerische Kritik sucht und teilt Fehler mit , erst die Romantiker um Wieland nehmen sich vor auch die lobenswerten Seiten hervorzuheben, Rezensionen werden bis ins 19. Jahrhundert hinein ohne Verfasser gedruckt (S.24)

- Erst Mitte des 18. Jahrhunderts entsteht der Begriff der Aktualität (S.26)

- Bis ins 19. Jahrhundert hinein beschäftigt sich die Literaturkritik hauptsächlich mit darstellender Kunst, Rhetorik und Altertumskunde, erst dann mit Belletristik (S.27)

- Gottsched: Poeten und Kritiker brauchen ein gewisses Maß an Gelehrsamkeit, generell legte Gottsched mit dem Versuch einer critischen Dichtkunst den zentralen Literaturbegriff der Hochaufklärung zusammen, indem er von rationalistischer Literatur ausgeht, die nach dem Gebot der Vernunft und der Nachahmung der Natur steht (S.29)

- Kritikerpersönlichkeiten des 18./19. Jahrhunderts: Albrecht von Haller (letzter Universalgelehrter), Johann Christoph Gottsched (oft umständlich und langatmig im Stil universitärer Eliten), Gotthold Ephraim Lessing (einer der ersten freien Publizisten, die sich vorübergehend als Hauptberuf als Kritiker bezeichnen konnten; ist als offensiver und aggressiver Rezensent bekannt, war ab 1750 einer der ersten, der einen offenen persönlichen Stilbetrieb, oft polemisch) (S.32-35)

- Sturm und Drang (ab 1770): besticht durch eine Wertungsfreude, doch es wird darauf geachtet glaubwürdig zu bleiben (S.38/39), Kritikerpersönlichkeiten: Goethe (gehässige Kurzrezensionen), Herder, Heinrich Wilhelm von Gerstenberg (eigentlich dänischer Offizier gilt als Wegbereiter des Sturm und Drang in Norddeutschland) (S.39-42)

- Kritik in der Zeit der Klassik (ab 1790): Schiller: die Kritiken, die als typisch für die Weimarer Klassik gelten entsprangen seiner Feder, typisch für Kritiken dieser Zeit, dass sie Anhänger erfolgreicher Moden die negativen Aspekte aufzählt, Goethe: hat einen freundlichen Ton, manchmal herablassend, aber meist versöhnlich (S.46-52)

- Kritik in der Romantik: Kritik wird zur Poesie, Kritikerpersönlichkeiten: Friedrich und August Wilhelm Schlegel, Therese Huber (erste Frau, die mit Redaktionsstelle den Lebensunterhalt verdienen kann), mehrere Kategorien romantischen Darstellens: ironisch-kämpferisch, histiographisch, hochgestimmter Anspruch, die Kritiken der Romantik wollen intellektuell wirken und rhetorische Glanzleistungen vollbringen, außerdem wird einfühlsam für die Stärken der Autoren geworben (S.52-64)

- Kritik im Jungen Deutschland, Biedermeier und Vormärz: Vorreiter der neuen Kritik waren Börne und Heinrich Heine, sie rückten die Person des Kritikers in den Mittelpunkt, große Kritikerpersönlichkeit dieser Zeit war auch Wolfgang Menzel; Vormärz: Friedrich Theodor Vischer, Ludwig Feuerbach, vertreten eine geistig-normative Poetik; Biedermeier: kirchlich-religiöse aggressive Kritik (S.65-73)

- Die Ausweitung des Zeitschriftenmarktes im 19. Jahrhundert, lassen den Beruf des Redakteurs entstehen (S.74)

- Kritik im Realismus (nach 1848): Entflechtung von Literatur und Kritik, Kritik versteht sich als Kunstwächterin, die Kritiker wollen den Standpunkt der Kunst gegen den

Kritiker vertreten, häufig ein semantischer Gegensatz krank/gesund oder richtig/falsch, aus dem Selbstdenker der Aufklärung wird der Bildungsbesitzer, das Kritiker-Ich trat wieder zurück und auch die Polemiken, popularisierende Orientierung auf den Leser, Tenor: Eine schlechte Rezension ist besser als gar keine (S.79-91)

- Naturalismus (um 1880): war erst eine neue Form der Literaturkritik, bevor sie zur literarischen Praxis wurde, polemische Attacken und rhetorische Feldzüge, oft Lob für ausländische Autoren, die Erfindung des Epochennamens Moderne, wird den Naturalisten zugeschrieben, er soll den Aufbruch in ein neues Zeitalter von Literatur und Kunst begründen, nach dem Krieg gegen Frankreich kommt es zur Militarisierung der Sprache, Subjektivität, Originalität, Aktualität sind Schlagwörter, alles was als männlich beschrieben wird ist gut, und als weiblich schlecht,, der Kritiker tritt als Erzieher und Richter auf, direkte unverblümte und aggressive Sprache, oft sind Rezensenten auch als Autoren tätig und betreiben Selbstreklame (S.94-99)

- Impressionismus (ab 1900): Subjektivierung, Wendung nach innen, Hermann Bahr wird zum Programmatiker der neuen Richtung, Ästhetisierung der Literaturkritik, Alfred Kerr adelt den Kritiker zum Super-Künstler, Adressat ist der individuelle, elitebewusste, anspruchsvolle Leser, dargestellt werden religiöse oder sexuelle Grenzüberschreitungen, seltene Adjektive, Neologismen und Metaphern, der Unterschied zwischen Kritik und Literatur wird aufgehoben, es wird gern und häufig zitiert, um die Stimmung im Werk wiederzugeben, Prototyp: Theaterkritiker Alfred Kerr, der auch persönliche Erlebnisse in seine Rezensionen mit einfließen lässt, es erscheint erstmals so etwas wie eine Nachtkritik, Honorare sind schlecht (S.99-106)

- Sozialdemokratischen Literaturkritik: unverdächtig erscheinendes Vehikel politischer Aufklärung, Wilhelm Liebknecht, Rosa Luxemburg (S.106-108)

- Expressionistische Literaturkritik: behandelt auch avantgardistische Literatur, Kritiker hat die Rolle eines Agitators (Beeinflussung anderer), aggressive Sprache,

Appellfunktion, Neologismen, Kritikerpersönlichkeiten sind Alfred Döblin und Max Brod, viele der Rezensenten sind Freunde des Autors, es gibt die Form des offenen Briefs, Glossen, Autorenporträts, Sonderform im 1. Weltkrieg: die Literaturkritik wird benutzt, um pazifistische Ideen zu verbreiten (S.108-113)

- Kritik in der Weimarer Republik: Politisierungsschub, Annäherung an sozialistische Ideen, Literatur und Kritik versuchten sich als Aufklärer und Wegweiser nach dem Krieg, Tucholsky verkörpert den politisch engagierten Typ, selbst apolitische Kritiker, wie Alfred Kerr, Hermann Hesse oder Alfred Polgar gewinnen ab 1920 politische und gesellschaftliche Maßstäbe bei der Bewertung der neuer Theaterstücke und Romane, Brecht findet eine neue Kritik muss das Publikum über die unter dem Deckmantel der Kunst verbreiteten politischen Tendenzen aufklären, ebenso sieht es Walter Benjamin: Die Kritik müsse die Maske der reinen Kunst lüften, Leitfrage der Kritik nach Brecht. Wem nützt es?, Herbert Ihering fordert eine soziologische Schulung der Kritiker, damit man auch weiß, wie der Leser tickt, Massenpublikum, es werden auch Dinge wie Heilkräuterbücher rezensiert, Benjamin: Bücher sollen nicht mehr ästhetisch gewertet werden, sondern erkenntnismäßig, Unterhaltungs- und Spannungswert wird zum maßgeblichen Kriterium, nie zuvor war die Kritik vielstimmiger, wie in der WR, die ich-Form wird teilweise wieder verwendet (Hesse, Tucholsky), Benjamin: Man soll vom Kritiker wissen, wofür er steht, Essay wird die dominierende Textsorte, Innovationen: Umfragen unter Meinungsführern, optische Medien wie Fotos und Karikaturen werden eingesetzt, der Rundfunk eröffnet neue Möglichkeiten (Kritiker debattieren mit Autoren über ihre Werke) Werte der Kritik: Aktualität, Zeitnähe und Gesellschaftskritik, Kritik soll Gebrauchswerk werden, WR: Blütezeit der Theaterkritik: Viele Kritiker sind Förderer von einzelnen Autoren (Brecht von Ihering, Ernst Toller von Kerr), viele Zeitschriften sind reine Rezensionsorgane (S.114-127)

- Sozialistische Literaturkritik: Entpolitisierung (S.128)

- Nationalsozialistische Kritik: Feinde der Nazis (Linke, Kommunisten, Juden) werden als Lügner hingestellt und erhalten teilweise Morddrohungen, Mittel der nonverbalen Kritik: Die Karikatur, Juden etc. werden da immer als unmenschliche Wesen dargestellt, Theateraufführungen wurden durch Schlägerkommandos gestürmt, die NS-Literaturkritik ist Anti-Literaturkritik (S.129)

- Kritik unter dem NS-Regime und im Exil: Bücherverbrennung, Verbote, die Literaturkritik hatte es schwer, doch die Frankfurter Zeitung konnte immerhin bis 1943 erscheinen, 27.11.1936: Goebbels Erlass zur Neuformung des deutschen Kulturlebens: Anstelle des Kritiker kam der Kunstschriftleiter, die Kritik wurde zum Kunstbericht und sollte nur Darstellung und nicht Wertung sein, jede Besprechung musste mit dem vollen Namen des Verfassers gekennzeichnet sein, Kritiker musste sich vorher registrieren lassen, es wurde ein standardisiertes Muster der Kritik vorgegeben: Zusammenfassung des Inhalts mit Zitatproben, ideologische Überprüfung, knappe Bemerkung zu Stil und Form, formelhafte Bewertung, Angabe des Zielpublikums, im Exil fehlte den Kritikern die Leserschaft (S.130-144)

- Kritik in der DDR: bezeichnete sich selbst als Leseland, Kritik ist Teil der Propaganda, wir-Sprache, Kritik soll über die Übereinstimmung der Literaturprodukte mit der sozialistischen Ideologie wachen, auch Parteifunktionäre mischen sich bei der Beurteilung von Texten ein, Walter Ulbricht und Erich Honecker sahen sich nicht nur als Parteichefs, sondern als oberste Kunstrichter des Landes, hat auch die Funktion einer Nach-Zensur, manche Kritiker sehen sich als Anwalt und nehmen Werke, die nicht ganz mit der Ideologie übereinstimmen in Schutz, Kritiker waren: Alexander Abusch, Kurt Barthel, Paul Rilla, Literaturkritik kommt meist in Rezensionen und Essays vor, Sonderformen: Gutachten, Laienkritik, Schlüsselwörter der Propagandasprache sind Fortschritt, Klassenfeind, Gesellschaft, Aufbau (S.144-160)

- Kritik in der BRD: 50er Jahre: Absage an die Politik, Publikum soll ein neuer Kanon offeriert werden, Zurückhaltung beim Urteilen, Gruppe 47, Böll, Grass, Ranicki,

Karasek, Enzensberger, auf Tagungen praktizieren sie die mündliche Sofortkritik (neue Form), 60er Jahre: Reich–Ranicki wird zur Kritikerpersönlichkeit, erst bei der Zeit, später ab den 70ern bei der FAZ, RR ist auf Klarheit und Verständlichkeit bedacht und enthält viel Polemik, neue Kritikerrolle ist die des Anwalts, seine Verrisse sind legendär, ebenso 60er: Blütezeit, viele Kritiker publizieren ihre Rezensionen als Bücher, Aufschwung, es werden mehr Bücher besprochen, Radio und Fernsehen werden wichtiger, Kritiker werden in Selbstporträts vorgestellt, immer noch niedrige Honorare, 70er: Business as usual, Ruhe an der Kritikerfront, Kritiken im Hörfunk nehmen ab, es wird auch über Populärliteratur berichtet (Simmel etc), schwierig kennzeichnende Trends auszumachen, so vielstimmig ist die Kritik seit den 70ern, Frauen werden vermehrt zu Rezensentinnen, Anfang der 70er noch parteiliche und zweckgebundene Kritik und Ende der 80er eine emotionale, zweckfreie Literaturkritik, 80er: Fritz Raddatz schreibt: Die zeitgenössische Literatur ist Angst-Literatur: Beispiel Grass: Die Rättin, RR ist mitverantwortlich für die entpolitisierenden Tendenzen, bei der FAZ unter RR hoher Anteil an "Professorenkritik", 1988 Literarisches Quartett, Heidenreich und Lesen! Seit 2003, basiert ausschließlich auf Empfehlungen, seit 90ern erobert die Kritik das WWW, bringt Vor- und Nachteile, viel Speicherplatz, jeder kann publizieren, viele Laienkritiken, unendliche Speicherdauer, gatekeeper-Funktion der Redaktionen fällt weg, Autoren rezensieren sich unter anderem Namen selbst, Profikritiker müssen sich auf Hintergründe konzentrieren um wettbewerbsfähig zu bleiben (S.160-191)

- Begriff Literaturkritik: Meint heute meist die informierende, interpretierende und wertende Auseinandersetzung mit vorrangig neu erschienener Literatur und zeitgenössischen Autoren in den Massenmedien (S.194)

- Kritik kommt vom griechischen Criticus und wird seit dem 17. Jahrhundert gebraucht, es heißt sowas wie schneiden und trennen, man trennt also das Gute vom Schlechten (S.194)

- Funktionen der Literaturkritik: 1. Informierende Orientierungsfunktion über die Neuerscheinungen, 2. Selektionsfunktion (Auswahl und Bewertung), 3. Didaktisch-vermittelnde Funktion für das Publikum (vermittelt Wissen, das zum Verständnis der Literatur nötig ist), 4. Didaktisch-sanktionierende Funktion für Literaturproduzenten (weist auf Stärken und Schwächen hin), 5. Reflexions- und kommunikationsstimulierende Funktion (fördert das öffentliche Räsonnement über Literatur), 6. Unterhaltungsfunktion (S. 195/196)

- der Erwerb literaturwissenschaftlicher Kompetenzen ist für gute Literaturkritiker unabdingbar (S.203)

- Literaturkritik ist eine Form des Journalismus. Sie ist zum Teil Literaturwissenschaftsjournalismus, insofern sie literaturwissenschaftliches Wissen an ein Publikum vermittelt, das an den Ergebnissen dieses Wissens interessiert ist, dem die Sprache und der Stil der Wissenschaft aber schwer zugänglich sind. Sie agiert aber im Umgang mit dem Publikum auch unabhängig von Literaturwissenschaft als eine autonome Institution (S.204)

- Die journalistische Literaturkritik kann sich einer ganzen Reihe von Gattungen bzw. Texttypen und Schreibweisen bedienen: Neben der Rezension (Buchbesprechung) sind dies u.a. das Autorenporträt, die Glosse, der offene Brief, das Interview, der Essay, der fingierte Dialog, die Kurzrezension oder der Buchtipp, besonders im Rundfunk darüber hinaus das Gespräch, das Feature oder die Reportage. Parodistische, satirische, ironische oder polemische Schreib- und Darstellungsweisen sind dabei in allen Texttypen möglich. (S.217/218)

- Der Typus der klassischen Rezension hat eine Reihe fester, frei kombinierbarer Bestandteile, sie enthält in der Regel: 1. Biographische Informationen über den Autor, 2. Informationen über vorangegangene Werke des Autors und Vergleiche mit ihnen, 3. Informationen über bisherige Einschätzungen des Autors, deren Bestätigung oder

Modifikation, 4. Vergleich des Werkes mit Werken anderer Autoren, 5. Informationen über Inhalt, Thema, Form, Sprache, Intention oder auch Aufmachung des Buches, 6. Bewertung des Textes oder auch 7. selbstreflexive Aussagen über die eigene Machart und Problematik. (S.218)

2) Absurdes Theater

Absichten des klassischen Theaters: das Individuum soll als ein ganzer in sich gerundeter Mensch gedacht werden, der in Einklang mit dem Gesellschaftlich-Allgemeinen steht, es soll eine Vorbildfunktion für die Gesellschaft beanspruchen, wichtig: geschlossene Dramenform (Köhnen/Jessing, S.106)

Aristotelischen Theater anfügen: Das aristotelische Drama ist an sehr feste Formen gebunden. Gemäß der Forderung nach Einhaltung der drei Einheiten sollten Zeit, Raum und Handlung eines Dramas einheitlich bleiben. Das bedeutet, dass Zeitsprünge, Ortsveränderungen und Nebenhandlungen ausgeschlossen sind. Man nennt diese Form seit Gustav Freytag auch geschlossenes Drama. Die Tragödie soll sich am besten in einem Sonnenablauf abspielen. Aristoteles setzt auf Gefühle, besonders auf Mitleid. Der Zuschauer soll sich in dem Geschehen befinden und mitfühlen.

Kritisches Theater Büchners: er will nicht den Menschen zeigen, wie er sein soll, sondern wie er ist, Beispiel Woyzeck, er wird weniger als Mörder gesehen, sondern in seinen sozialen Abhängigkeiten gesehen, dazu werden politische, medizinische und juristische Perspektiven ins Spiel gebracht (Köhnen/Jessing, S.107)

Brechts episches Theater, das kritisch-politisch orientiert ist: politischer Verstand soll trainiert werden, die Einfühlung soll damit überflüssig werden, Brecht will die Entfremdungserscheinungen zeigen, wie sie die kapitalistische Gesellschaftsordnung mit sich bringt, Zweck des Theaters keine Katharsis (Reinigung), sondern die

Aufdeckung der falschen Verhältnisse, zentrale Rolle spielt der Verfremdungseffekt (bekannter Stoff wird auf neue Weise ungewohnte Weise dargeboten; u.a. nimmt der Schauspieler eine Distanz zu seiner Rolle an), das Publikum soll sich nicht mit dem Geschehen identifizieren, es ist ein aktiver Zuschauer gewünscht, wichtig: offene Dramenform (Köhnen/Jessing, S.107/108)

dramatisches (aristotelisches) Theater: (Köhnen/Jessing, S.107/108)
- die Bühne verkörpert einen Vorgang
- der Zuschauer wird in eine Aktion verwickelt
- es werden Gefühle ermöglicht
- es werden Erlebnisse vermittelt
- der unveränderliche Mensch
- Spannung auf den Ausgang
- eine Szene für die andere
- die Geschehnisse verlaufen linear
- die Welt, wie sie ist
- was der Mensch soll
- seine Triebe
- das Denken bestimmt das Sein

episches Theater (Köhnen/Jessing, S.107/108)
- ein Vorgang wird erzählt
- vom Zuschauer werden Entscheidungen erzwungen
- es wird mit Argumenten gearbeitet
- der Mensch ist Gegenstand der Untersuchung (Woyzeck)
- der veränderliche und veränderte Mensch
- Spannung auf den Gang
- jede Szene für sich
- die Geschehnisse verlaufen in Kurven
- die Welt, wie sie wird

- was der Mensch muss

- seine Beweggründe

- das gesellschaftliche Sein bestimmt das Denken

absurdes Theater (Köhnen/Jessing S.116/117):

- offene Dramenform

- Kritik daran, dass der Mensch wird in eine sinnentleerte Welt geworfen

- es werden Kommunikations- und Kontaktprobleme gezeigt

- klassische Beispiele: Warten auf Godot (Beckett, 1953) und Die Stühle (Ionesco, 1952)

Ronald Daus:

- Stücke kamen ab 1950 in Frankreich auf und waren meist von Einzelgängern geschrieben (S.1)

- Begriffsfindung: Vorschläge Anti-theatre, theatre experimentale, nouveau theatre und theatre de derision, ab 1961 setzte sich der von Martin Esslin geprägte Begriff Theater des Absurden durch. (S.1)

- absurdus kommt aus dem Lateinischen und bedeutet soviel wie mißtönend, abgeschmackt, surdus für taub, disharmonisch, lächerlich und sinnlos. (S.2)

- Die Werke Ionescos und Becketts sind die einzigen, die ohne Zweifel als Theater des Absurden bezeichnet werden können. (S.2)

- Die Premiere von Warten auf Godot 1953 im Theatre de Babylon wurde zur entscheidenden Wende im Leben Becketts, es wurde über 400 mal im Aufführungstheater gespielt, in 20 Sprachen übersetzt und überall in der westlichen Welt aufgeführt (S.72/73)

18

- Auch Beckett ist von der grundlegenden Absurdität des menschlichen Daseins überzeugt. Sie äußert sich für ihn jedoch nicht, indem die Systeme, deren Wirken man nachbildet, sich als sinnlos herausstellen (wie bei Ionesco), sondern dadurch, dass es überhaupt nicht dazu kommt, auch nur annähernd schlüssige Systeme über das Sinnlose aufzurichten. Statt "Systemzerstörung" geht es ihm um die Demonstration des Nicht-mehr-Systemfähigen. (S.73)

- Der Trend beim Absurden Theater geht vom eindeutig dialogischen Theater über Mischformen zum eindeutig monologischen Theater. (S.73)

- Warten auf Godot: Das Ziel ist ein Schein-Ziel: das Warten muss vergeblich sein. Die Kritiker haben viel darüber spekuliert wer dieser Godot nun wirklich sei, und der deutliche Anklang an "God" legte Überinterpretationen durchaus nahe; doch Beckett selbst unterstrich, dass nicht das Phantom-Element dieses Stück lenke, sondern nur das einzig Reale: "en attend" sei wesentliche wichtiger als "Godot", Das Thema ist der sinnlose Schwebezustand, nicht die Erlösung von ihm. (S.74)

- Durch die beiden Thesen "Die ehemalige Kommunikation ist zerstört" und "Eine neue Kommunikation ist unerreichbar" - unterscheidet sich Beckett klar von Ionesco. Während dieser die Menschen in die Mitte einer chaotischen Welt warf und ihn in seinem Geschick strampeln ließ, siedelte Beckett ihn weitgehend immobil an der Peripherie, schon ausgestoßen, an. Ionesco ist ausgerichtet aufs konzentriert Banale, Beckett auf die Außenseiter-Positionen, die noch nicht oder schon nicht mehr banal sind. (S.78)

- Die Auswechselbarkeit der Charaktere zeigte Beckett 1975 in Berlin, als er den Vladimir von dem Schauspieler spielen ließ, der vorher den Estragon spielte und den Estragon, von dem, der vorher den Vladimir spielte. (S.79)

- Dass man nie genau weiß, was Sprache auszudrücken fähig ist, wird bei Beckett ausführlch dokumentiert. Da gibt es ständig Missverständnisse über den Sinne eines Wortes, Doppeldeutigkeiten, Synonymketten, um vielleicht einmal das Richtige zu treffen, und das stotternde Suchen nach einem exakten Wort. Ein bevorzugtes Stilmittel Becketts wurde dabei die Zurücknahme von schon Gesagtem. (S.79)

- Die Sprache, um das Absurde bloßzulegen, erscheint sperriger, selbst absurd und es ist kein Zufall, dass das Theater des Absurden selbst von Autoren geschrieben wird, die keine französischen Muttersprachler sind. (S.80)

- Ionesco verdeutlichte die Absurdität der Welt durch Aufblähung, Beckett durch Reduktion (S.81)

- Nicht nur das vielfältige Erinnern macht das Vergehen der Zeit sichtbar, sondern auch das Vergessen. Becketts Personen sind Meister des Vergessens. Vladimir und Estragon vergessen sogar, dass sie auf Godot warten, Vladimir vergisst das Ende seines Gedichts, Estragon, wo er gerade seine Schuhe hingeworfen hat. (S.84)

- Das Spiel ist eine weitere Reaktion der Beckett'schen Figuren, sie legen die Regeln fest und spielen so lange, wie sie Lust haben. So spielen sie das Streit-Spiel, das Vertragen-Spiel, das Verhör-Spiel etc. Außerdem gibt es Clown-Spiele, da kneifen die Schuhe und rutschen die Hosen und werden Hüte verkauft (S.84/85)

- Esslin verfolgte die angeblichen Ursprünge des absurden Theaters zurück bis zum antiken komischen Theater, nannte als Zwischenstationen Shakespeares Narren-Stücke, die Commedia dell'Arte, die Zirkus-Tradition und den Stummfilm, und begann die unmittelbare Ahnenreihe mit einer ausführlichen Darstellung von Jerry, der zu Vitrac, dem Theater DADs und Artaud führte. (S.119)

- Einige Kritiker sehen die Stücke Becketts und Ionescos als direkten Ausdruck des zeitgenössischen Lebensgefühls. Sie spiegeln die letzte verbleibende Substanz unseres Menschenbildes wieder, mit seinem Verlust der Mitte, mit seiner Verlorenheit in des isolierten Individuums. (S.119)

- Becketts Werk wurde in über 10000 Schriften behandelt, Ionescos Werk wurde nach einem aufsehenerregenden Zeitungsartikel Anouihls im Jahre 1956 von der Theaterkritik der 50er Jahre mit wachsendem Interesse verfolgt. (S.120, 124)

Martin Esslin:

- Das Theater des Absurden: hat keine nennenswerte Handlung, keine Figuren, die man als Charaktere bezeichnen könnte, weder Anfang noch Ende. (S.14)

- Ionesco schreibt: Absurd ist etwas das ohne Ziel ist... Wird der Mensch losgelöst von seinen religiösen, metaphysischen und transzendentalen Wurzeln, so ist er verloren, all sein Tun wird sinnlos, absurd, unnütz, erstickt im Keim. Dieses Gefühl metaphysischer Angst angesichts der Absurdität der menschlichen Existenz bildet, allgemein gesprochen, das Thema der Stücke Becketts, Ionescos etc. (S.16)

- Im Theater des Absurden hingegen ist das Bestreben wirksam, das Bewusstsein der Sinnlosigkeit des menschlichen Daseins und der Unzulänglichkeit rationaler Anschauungsformen durch den bewussten Verzicht auf Vernunftgründe und diskursives Denken zum Ausdruck bringen. (S.17)

- Das Theater des Absurden verzichtet darauf über die Absurdität der menschlichen Existenz zu diskutieren; sie stellt sie einfach dar als konkrete Begebenheit, das heißt: in greifbaren szenischen Bildern. (S.18)

21

- Das Theater des Absurden strebt nach einer radikalen Abwertung der Sprache, nach einer Dichtung, die unmittelbar aus den auf der Bühne sichtbar und gegenständlich gewordenen Bildern hervorgehen soll. Die Sprache spielt dabei eine wichtige Rolle, aber das was auf der Bühne geschieht, sagt mehr als die Worte, die von den Figuren gesprochen werden, ja es widerspricht diesen sogar oft, in Die Stühle bekommen die Worte an Wert, indem sie vor der immer größeren Anzahl von Stühlen gesprochen werden. (S.19)

- Es gibt viele Vorläufer des absurden Theater, den Hofnarr, das Stehgreiftheater, das Improvisationstheater, die Stummfilmkomödie (haben die traumhafte Fremdartigkeit dieser Welt dargestellt), commedia dell-arte, Tradition des Clowns, Georg Büchner (Leonce und Lena: Handelt von der Nichtigkeit der Existenz, die nur durch die Liebe erträglicher gemacht werden kann und durch die Gabe, sich selbst als absurd zu erkennen; Woyzeck: erstmals ist ein Beinahe Schwachsinniger der tragische Held, ungestüme und ungewohnte Sprache), Amerikanischer Nonsens-Schriftsteller S.J. Perelman, von dem die Dialoge der Marx Brother stammten, Verwendung des Mythischen, des Traumhaften und des Phantastischen, Le Proces war das erste Stück, das als Vorläufer des Theater des Absurden zu nennen ist, es ist kein Stück, es ist eine Aneinanderreihung von Bildern, Dadaisten: Nonsens-Gedichte begleitet von unsinnigen Handlungen, expressionistischer Schriftsteller Yvan Groll ebenso ein Vorläufer (S.340-383)

- Brechts Mann ist Mann von 1924/1925: Schildert die Verwandlung eines demütigen kleinen Mannes in einen wilden Krieger, das Stück nimmt die These des Absurden Theaters vorweg: das Wesen des Menschen des Menschen sei keine Konstante; die Wandelbarkeit der menschlichen Persönlichkeit ist so groß, dass eine Person im Verlauf eines Stückes zu einer völlig anderen werden kann. Brechts Stück zeigt, dass das irrationale Theater des Absurden und das zweckgebundene, politische Theater nicht völlige Gegensätze sind, sondern Vorder- und Rückseite derselben Medaille darstellen, Brecht war einer der ersten Meister des Theaters des Absurden (S.390-392)

- Theater des Absurden hat doppelten Zweck: Einerseits geißelt es mit den Mitteln der Satire die groteske Lächerlichkeit eines Lebens, das der eigentlichen Wirklichkeit nicht gewahr wird. Der Dramatiker des Absurden empfindet das Abgestorbene, die Sinnlosigkeit des halbbewussten, mechanischen Dahinlebens; er hat jenes Gefühl, dass "von Menschen etwas Unmenschliches ausgeht." Eine Botschaft des Absurden Theaters, es prangert die die unechte jämmerliche Gesellschaft an. (S.415)

- Das absurde Theater stellt keine Schicksale von dramatischen Helden dar, es zeigt Grundsituationen des Einzelmenschen. Es ist Theater der Situation im Gegensatz zum Theater des Handlungsablaufs. (S.417)

- Die Handlung im Theater des Absurden erzählt nicht, es wird nur eine Komposition von Bildern auf die Bühne gestellt. Beispiel in Warten auf Godot passiert viel, aber es ist keine Handlung. (S.418)

- Es wird ein übertriebenes Zerrbild dargestellt, das den Zuschauer daran hindert sich mit dem Helden auf der Bühne zu identifizieren, Brecht versuchte das mit dem Verfremdungseffekt (S.425)

- Brecht will mit dem V-Effekt den kritischen Verstand des Betrachters anregen, das Theater des Absurden spricht eine tiefere Schicht im Zuschauer an. Es aktiviert psychische Mächte, löst verborgene Ängste und unterdrückte Aggressionen und weckt vor allem in jedem einzelnen heilende Kräfte, indem es ihn mit dem Bilde der Auflösung konfrontiert. (S.427)

- Im Theater des Absurden gibt es keine Katharsis: es offenbart dem Betrachter die Absurdität der condition humaine, es lehrt ihn, seine eigene Situation in ihrer ganzen Verzweiflung und Härte zu begreifen. (S.429)

- Viele Stücke enden mit einem kreisförmigen Ablauf, sie enden da, wo sie angefangen haben (S.431)

- Frage im dramatischen Theater: Was geschieht als nächstes, im absurden Theater: Was geschieht? Trotzdem empfindet der Zuschauer Spannung, weil er die Vervollständigung des Bildes erwartet (S.431/432)

- Das Theater des Absurden ist ein Ausdruck der Angst und Verzweiflung des Menschen, der erkennen muss, dass undurchdringliche Finsternis ihn umgibt, dass er sein wahres Wesen und seine Bestimmung niemals begreifen wird und dass ihm niemand für allemal festgelegte Verhaltensregeln begreifen mag. (S.442)

- Das Theater des Absurden ist kein Ausdruck der Verzweiflung oder der Rückkehr zu dunklen irrationalen Mächten; es veranschaulicht vielmehr das Streben des modernen Menschen, sich mit der Welt, in der er lebt, auseinanderzusetzen. Es versucht, ihn mit dem menschlichen Dasein zu konfrontieren, wie es wirklich ist, ihn von Illusionen zu befreien, die ihm nur Enttäuschungen bereiten können und seine Anpassung an die Wirklichkeit verhindern. (S.445)

Hans Daiber :

- Beckett bezeichnet sein Warten auf Godot als symbolisches Stück, doch trotzdem füllen mögliche Deutungen inzwischen ganze Bibliotheken. (S.171)

- Im März 1956 gab es in Bochum die Woche der französischen Dramatik, ein Stück hieß: Amadee oder Wie wird man ihn los? Es war die Deutschland-Premiere eines Ionesco-Stückes (S.172)

- Mitte November 1957 meldete die Abendpost schon Konjunktur für das absurde Theater, die Stuttgarter Zeitung meinte Mitte Dezember 1957, dass sich die Autoren zumindest ihre Umstrittenheit verdient hätten. Nach der Premiere von Die Stühle wurde Ionesco im Münchener Merkur als Mode beschimpft, in der Süddeutschen stand: Ionesco und kein Ende (S.172/173)

- Auch in Endspiel (Beckett) wird gewartet, und zwar auf das Ende, von den vier Protagonisten ist einer blind und kann nicht stehen, einer kann nicht sitzen, und zwei haben keine Beine und leben in Mülleimern (S.173)

- Mit der Zeit wurde Beckett immer wortkarger, nahm die Wirklichkeit immer stärker zurück, zeigte fast sprachlose Minutenvorgänge, schließlich sprachlose Sekundenvorgänge, zeigte nichts mehr, würde wohl am Liebsten das Nichts zeigen. (S.174)

- Es gibt nur wenige deutsche Vertreter des absurden Theaters, Grass und Hildesheimer. Grass mit Hochwasser (1957), Onkel, Onkel (1958), Beritten hin und zurück und Noch zehn Minuten bis Buffalo sowie Die bösen Köche (1962); Hildesheimer erklärte 1960 er schreibe absurd aus so tiefer Überzeugung, das ihm "nicht absurdes Theater mitunter absurd" erscheine. Er stellte die Arbeitsthese auf, jedes absurde Theaterstück sei " durch das absichtliche Fehlen jeglicher Aussage" eine "Parabel des Lebens" das ja auch nichts aussage. Beispiele seiner absurden Stücke sind Patorale (1958), Der schiefe Turm von Pisa (1959), Die Uhren (1959), Rivalen (1961), Nachtstück (1962), Die Verspätung (1961) (S.174/176)

- Martin Esslin prägte mit seinem Buchtitel überhaupt erst die Begrifflichkdeit Theater des Absurden (S.177)

- Kriterien des absurden Theaters: Zerfall des Aufbaus, der Intrige, der Charakterzeichnung und der Sprache, Auftauchen von neuen Strukturen: Wiederholung, archetypische Situationen, wörtlich genommene Metaphern, sichtbar gemacht innere Realitäten, zweckfreie Poesie (S.177)

- Nach 1965 verebbte die absurde Welle, Beckett bekam 1969 den Nobelpreis und wurde so etwas wie ein Klassiker, es lief über die Absurdität hinaus und wurde, wie Beckett selbst 1975 sagte ein Spiel, um leben zu können (S.180)

Vorläufer: Brecht Mann ist Mann (Esslin, S.390)

Volker Braun:

- Nach der Uraufführung wurde Warten auf Godot in Paris teilweise verhalten kritisiert und teilweise voll gelobt, es wurde als originell, sympathisch und komisch bezeichnet (S.1)

- In Deutschland wurde vielmehr darüber diskutiert wer Godot überhaupt sei, der Tagesspiegel bezeichnete es als großartigen Bluff und großartiges Verhalten (S.2)

- Der Münchener Merkur wertete das Stück 1954 als höchst ärgerlich, es rege zum Nachdenken an, obwohl man nicht darüber nachdenken wolle (S.3)

- Das Stück entwickelte sich: 1953: Avantgardestück, 1956: Stück fürs Bürgertum, 1961: offizielles Schaustück und heute ein Klassiker der Moderne (S.3)

- Schon in den 70ern wurde Beckett von der FAZ als Meister des absurden Theaters gefeiert (S.3)

Joachim Becker:

- Die Figuren in Warten auf Godot leiden an Gedächtnisschwund und haben Schwierigkeiten sich in Zeit und Raum verbindlich zu orientieren. (S.11)

- Vladimir und Pozzo schlafen zwar im Verlauf des Stückes nicht ein, aber sie neigen am Ende dazu, ihre gesamte Existenz in Frage zu stellen (S.13)

- In Warten auf Godot beanspruchen die Regieanweisungen einen erheblichen Teil des Textes, tragen aber nicht unbedingt zur Klärung des Handlungskontextes bei (S.35/36)

- Vladimir uns Esdragon können nicht fortgehen, denn mit dem Eingeständnis, dass ihr bisheriges Ausharren völlig umsonst war, würde das Gefühl der Sinnlosigkeit übermächtig. (S.42)

- Nur im Sinne von übergangslosen Brüchen ist das Stück absurd, denn das Wort bedeutet ursprünglich disharmonisch in einem musikalischen Kontext (S.43)

- Die Ohnmacht willentlicher Entscheidungen wird am Ende jeden Aktes vorgeführt, wenn sich Didi und Gogo zum Fortgehen entscheiden und dennoch dableiben (S.57)

- Angesichts des übermächtigen Rahmengeschehens halten die Figuren an ihrer Paarbindung fest, da die gegenseitige Wahrnehmung einen Rest von Identität garantiert. (S.58)

Marianne Reinke:

- Ionesco: 1909 in Paris geboren, Vater war Rumäne, verblüffte die Welt durch sein Ant-Theater, das gemischt ist aus avantgardistischen und klassischen Elementen, mit seinem dritten Stück "Les Chaises" begann 1952 sein Aufstieg, sein Theater entzieht sich immer wieder einer verallgemeinernden Definition, schon in Lacon kann man faktisch unmotiviertes Handeln beobachten (wird auch als absurdes Theater bezeichnet), seine Stücke beschreiben die Sorge um den Menschen, die in einer Zivilisation leben, die von Auflösung bedroht ist und stellen den Menschen dar in der Auseinandersetzung mit der Frage des Seins, Ionesco sagt, dass ihm diese sichtbare und greifbare Welt logisch unbegreiflich sei, die Darstellung dieser irrationalen Welt ist das Ziel seiner Theaters, Anti-Theater, weil Dinge dargestellt werden, die nicht dargestellt werden können, nämlich die Zustände des Ich, seine Bühnenfiguren sind besessen von der Manie alles zu verstehen und alles zu begreifen, sie wirken lächerlich (S.4-11)

Josef Bessen:

- Mit "Les Chaises" stieß Ionesco auf einhellige Ablehnung (S.107), die völlige Ablehnung wird in der zweiten Hälfte der 50er seltener, Kritik wird meist nur noch an einzelnen Elementen geübt (S.110), doch es gab auch viele Zeitungen, die das Stück begrüßten, bemerkenswert ist vor allem, wie deutlich gelegentlich der experimentelle Charakter der Ionesco-Stücke gelobt wird (S.112)

- Auch in der BRD gab es zunächst Ablehnung, die Süddeutsch bezeichnete Die Stühle als höchst überflüssig, aber es gab auch positive Stimmen, in der Rheinischen Post wurde Ionesco 1957 ein glänzender Theaterpraktiker genannt (S.113/114)

- In der BRD gibt es insbesondere die Tendenz Ionesco mit bloßen Komödienautoren auf eine Stufe zu stellen (S.116)

Hedwig Junker:

- Ionesco findet: Das Schicksal ist unumstößlich, aber nicht logisch. Für Ionesco ist die Existenz des Menschen und der Welt absurd; er sieht kein Kohärenzprinzip (S.101)

- Nach Ionesco ist das Drama ein Experiment, daher lässt sich sein gesamtes Werk zutreffend als "theatre d'aventure" bezeichnen (S.103/104)

- Es gibt bei Ionesco kein Ziel auf das die Handlung zuläuft, da aber Handlung prinzipiell zielgerichtet ist, scheint dem theatre d'aventure eine Handlung im strengen Sinn nicht möglich zu sein (S.105)

- Wichtig ist bei Ionesco das Lachen: Der Humor ist für Ionesco die einzige Möglichkeit der Therapie, der Katharsis, angesichts der Absurdität. Er ist die einzige paradoxe, die rationale Nicht-Bewältigung involvierende Bewältigung des Absurden. (S.108)

- Beim Theater des Absurden tritt an die Stelle der lineare Struktur die Zirkel-Struktur, deren Anfang und Ende beliebig ist (S.110)

- Ionesco reduziert die Syntax auf ein Minimum, wenn er überhaupt vollständige Sätze baut und sich nicht nur auf die Substantivierungen der registrierten Impressionen beschränkt (S.113)

Inhalt „Warten auf Godot" (1949 fertiggestellt, 1952 publiziert, 1953 uraufgeführt):

Die Hauptfiguren des Stücks sind die beiden Landstreicher Estragon und Wladimir, die an einem nicht näher definierten Ort, einer Landstraße mit einem kahlen Baum, ihre Zeit damit verbringen, „nichts zu tun" und auf eine Person namens Godot zu warten, die sie nicht kennen, von der sie nichts Genaues wissen, nicht einmal, ob es sie überhaupt gibt. Godot selbst erscheint in der Tat bis zuletzt nicht, das Warten auf ihn ist offensichtlich vergeblich. Am Ende eines jeden der beiden weitgehend identischen Akte erscheint ein angeblich von ihm ausgesandter etwas ängstlicher Botenjunge, sein Ziegenhirte, der verkündet, dass sich Godots Ankunft weiter verzögern, er aber ganz bestimmt kommen werde. Spätestens dann dämmern den Wartenden Zweifel an der Sinnhaftigkeit ihrer Situation, lösen aber können sie sich dennoch nicht aus ihr, wie folgender, mehrfach wiederkehrender Dialog unterstreicht:

Estragon: Komm, wir gehen!

Wladimir: Wir können nicht.

Estragon: Warum nicht?

Wladimir: Wir warten auf Godot.

Estragon: Ah!

Zwei Akte lang tritt das Stück statisch auf der Stelle. Um die „unheimliche Stille auf Abstand zu halten", wird viel mit absurden Diskussionen über Belangloses gestritten und sich wieder versöhnt. Vor allem aber beschäftigt man sich mehr schlecht als recht damit, kleine Übungen und Spielchen zu erfinden, um sich die zähe Zeit zu vertreiben, oder man erörtert die verschiedenen Möglichkeiten des Selbstmords.

Bis zum Schluss wird nicht klar, wer Godot ist und warum genau man in einer so „gottverlassenen Gegend" auf ihn wartet.[2] Auch der sich später mit seinem Diener Lucky vorübergehend zu ihnen gesellende Landbesitzer Pozzo bringt keine Veränderung und sorgt statt für Klarheit eher für zusätzliche Verwirrung. Er gebärdet sich wie ein reicher Tyrann, der seinen mit Koffern schwer beladenen Diener wie einen apathischen Packesel an einem Strick um den Hals vor sich hertreibt und auf Kommando apportieren und tanzen lässt. Mit knallender Peitsche fordert er, gleichsam als Höhepunkt seiner Darbietungen, Lucky auf, „laut zu denken". Was dabei herauskommt, ist die höhnische Parodie einer Theodizee, ein wirrer, hastig abgespulter Monolog, in dem Theologie, Kunst und Philosophie zu Kulturmüll zerfallen. Pozzo und Lucky, aufeinander angewiesen wie Herr und Knecht, demonstrieren in einem grotesken Spiel-im-Spiel, wie sich akademische Wissenschaft ad absurdum führt.

Als die beiden am nächsten Tag erneut vorbeikommen, ist Lucky inzwischen stumm und Pozzo blind geworden. Der Herr muss jetzt von seinem Sklaven geführt werden und kann sich, ebenso wenig wie Lucky und der Botenjunge, entsinnen, Estragon oder Wladimir jemals zuvor begegnet zu sein.

Alle Figuren verkörpern das menschliche Bedürfnis, trotz unbestimmter und letztlich unerfüllter Illusionen auf die Ankunft eines Heil bringenden Propheten oder sonstigen Erlösers zu hoffen. Beckett problematisiert und karikiert diesen Hang dadurch, dass er seine Figuren lächerlich und traurig zugleich erscheinen lässt. Mit seiner ins Leere laufenden Handlung, den sich im Kreise drehenden Figuren und dem wenig Hoffnung lassenden Schluss - alles Merkmale, die nicht eben Optimismus und Vertrauen in die Sinnhaftigkeit des menschlichen Lebens verbreiten - steht das Stück der zeitgenössischen Philosophie des Existenzialismus nahe und gilt als ein typisches Beispiel des französischen Theaters des Absurden der Jahre um 1950.

Inhalt „Die Stühle" (1951 geschrieben und 1952 uraufgeführt):

Poppet und Semiramis, ein greises Ehepaar, er 95, sie 94 Jahre alt, leben in einem schäbigen runden Turm auf einer Insel, die mit Mücken verseucht und von fauligem Wasser umgeben ist. Um der trostlosen Langeweile ihrer Gegenwart zu entfliehen, schwelgen sie in naiven Erinnerungen an ihr einstiges gemeinsames Glück. Sie scheinen die letzten Überlebenden einer post-apokalyptischen Welt zu sein: Paris ist völlig zerstört, die Pyrenäen gibt es nicht mehr und alle Brücken sind abgebrochen. Allmählich gehen ihre kindlichen Schwärmereien in offene Vorwürfe über. Nachdem Semiramis ihren Mann eben noch mit Lob überhäuft und wie einen Sohn bemuttert und liebkost und damit getröstet hat, dass er in Wahrheit ein großer Philosoph sei und sicher auch das Zeug zum Chef gehabt hätte, beklagt sie sich im nächsten Augenblick, während der weinerliche Alte wie ein kleiner Junge wiederholt nach seiner „Mama" schreit, über dessen Nichtsnutzigkeit, derentwegen er es im Leben zu nichts Besserem als zum Hausmeister und „Herrn über Putzlappen und Eimer" gebracht habe.

Die beiden erwarten einen Berufsredner, den Poppet, selbst rhetorisch nicht sonderlich begabt, eigens engagiert hat, um eine wichtige Botschaft, die er im Laufe seines langen Lebens über den Sinn des Daseins erarbeitet hat, an die Nachwelt weiterzugeben. Sie sind hektisch damit beschäftigt, die nach und nach aus aller Welt eintreffenden unsichtbaren Honoratioren (Präsidenten, Bankiers, Besitzer, Gelehrte, Bischöfe) und sonstigen Gäste (Polizisten, Wächter, Chemiker, Kupferstecher, Geiger, Krämer, Briefträger, Gastwirte, Artisten, Beamten, Abgeordnete, Militaristen, Revolutionäre, Irrenärzte und ihre Irren, aber auch Chromosomen, Gebäude und Federhalter) mit ausgesuchter Höflichkeit zu begrüßen und für sie genügend Stühle herbeizuschaffen. Den Rhythmus dazu diktieren ihnen das Läuten der Haustürklingel, das mit der Zeit immer dringlicher und bedrohlicher wird, und die sich wie von Geisterhand öffnenden und schließenden Türen, die ständig schneller und fordernder auffliegen und wieder zuknallen. Immer mehr erfährt der Zuschauer nebenbei von der langen Ehegeschichte der beiden Alten, vor allem aber von deren Isolation und von der Unmöglichkeit echter Kommunikation im endlosen Kreislauf des Lebens. Die Hysterie der beiden, im Wirrwarr der Stühle erstickenden und sich aus den Augen verlierenden Gastgeber wächst, und Poppets konfuse Komplimente für die Gäste, echohaft wiederholt von Semiramis, überschlagen sich, als unter den Geladenen sogar der (ebenfalls unsichtbare) Kaiser persönlich eintrifft.

Endlich erscheint auch der Redner selbst, ein Mann mit versteinertem Gesicht und in historischer Biedermeierkostümierung. Restlos begeistert, da nun die Quintessenz all ihrer Erfahrungen ausgesprochen und ihr Leben zur Legende verklärt werde - ein Glück, das nicht mehr zu steigern sei -, stürzen sich Poppet und Semiramis in einer letzten Ekstase aus dem Turmfenster ins Wasser und begehen Selbstmord. Während zum Schluss des Stücks über Lautsprecher das Geräusch der Zuhörer eingeblendet wird, muss das Publikum im Theater feststellen, dass der lang erwartete Redner zwar sichtbar, aber taubstumm ist und statt verständlicher Worte nur ein heiseres Gestammel hervorbringt. Er schreibt ein paar rätselhafte Zeichen und das Wort "Adieu" an die Tafel, tritt wieder ab und lässt das Publikum vor den leeren Stuhlreihen mit dem Blick auf die offenen, ins schwarze Nichts weisenden Türen allein.

Inhalt „Ein Fest für Boris" (1970):

"Ein Fest für Boris" ist ein Stück in drei Akten, zwei Vorspielen und dem Hauptteil "Das Fest". In den einzelnen Akten geschieht wenig. Handlungsort ist ein leerer Raum im Haus der wohlhabenden Guten. Die Gute ist die Hauptfigur des Stückes und sitzt in einem Rollstuhl. Sie hat ihren Mann und ihre Beine bei einem Autounfall verloren. Nun dirigiert die Gute ihr Hausmädchen Johanna von ihrem Rollstuhl aus im Haus herum, sie demütigt sie ununterbrochen und beschimpft sie: " ... Ihre Rücksichtslosigkeit / Auf Ihre krankhafte Weise / ... ".

Bis zum Ende des Vorspiels probiert die Gute rote, grüne, gelbe, aber vor allem weisse und schwarze Handschuhe und grosse Hüte in denselben Farben. Johanna ist ihr dabei behilflich. Die Gute hält während des Anprobierens einen langen Monolog. Sie bemitleidet sich selbst in ihrem (beinlosen) Zustand.

Das zweite Vorspiel handelt nach dem Maskenball, auf dem die Gute zusammen mit Johanna gewesen war, die Gute im Kostüm einer Königin, Johanna als Schwein. Als die Gute bemerkt, dass Johanna ihre Maske nicht mehr trägt, zwingt sie sie dazu, die Maske wieder aufzusetzen. Die Gute lässt sich gerade über den besuchten Maskenball aus und kommt dann auf Boris zu sprechen. Boris, ebenfalls beinlos, ist ihr Mann, den sie sich neulich aus dem Krüppelasyl ausgesucht und geheiratet hat, um nicht mehr allein zu sein. Doch Boris spricht kein Wort mit der Guten und ruft ständig nach Johanna. Die Gute: "Er ruft nach Ihnen / nicht nach mir / nach Ihnen / Ihnen ruft er / ...". Dieses Vorspiel ist furchteinflössend. Dieser beängstigende Zustand wird verstärkt, indem die Gute, ihren Mann im Nebenzimmer einfach eine Weile schreien lässt: "Sie dürfen ihn nicht eher herausholen / als bis ich ihnen die Erlaubnis dazu gebe / Warten Sie / Hören Sie / ..."

Am Ende dieses Vorspiels schreit die Gute plötzlich Johanna an: "Nehmen Sie Ihre Maske herunter / Nehmen Sie Ihre Maske herunter", nachdem sie sie kurz davor dazu verpflichtet hatte, ihre Maske wieder aufzusetzen.

Das Fest für den Geburtstag von Boris beinhaltet den Hauptteil des Stückes. Alle "Krüppel" aus dem Krüppelasyl sind eingeladen. Sie sind alle beinlos, selbst Johanna muss an diesem Abend ihre Beine versteckt halten. Die Krüppel erzählen ihre Albträume und lachen darüber. Die Stimmung wird ernster als die Krüppel auf ihre viel zu kurzen Betten ("Kisten") zu sprechen kommen. Alter Krüppel: "Es gibt viele Methoden / sich das Leben in der Kiste erträglicher zu machen / Karl Ernst schläft oft im Stehen / ..." Die Gute verspricht, sich beim Anstaltsdirektor für längere Betten einzusetzen. Doch die Betten waren erst der Anfang der Klagen, sie beschweren sich über die schlechte, gar miserable Betreuung der Ärzte und Pfleger, über das schlechte Essen, die miesen Zustände im Krüppelasyl. Die Stimmung wird angeheizt durch immer schneller, immer lauterwerdende Paukenschläge von Boris, der diese Pauke von einem Krüppel geschenkt bekommen hatte. Die Krüppel erzählen von ihren Methoden, sich ihr Leben im Krüppelasyl erträglicher zu machen. Als alle müde werden und sich für das Essen bedanken, bemerkt Johanna plötzlich, dass Boris tot ist. Alle mit Ausnahme der Guten entfernen sich aus dem Raum. Kaum ist die Gute mit dem toten Boris allein, bricht sie in ein fürchterliches Gelächter aus.

Inhalt „Der Ignorant und der Wahnsinnige" (1972):

Der Beginn des Stücks zeigt Vater und Arzt in der Garderobe der Königin. Der Doktor referiert Zeitungskritiken, anschließend hält er einen Vortrag über die Sektion einer Leiche. Er kommt auf den Alkoholismus des fast blinden Vaters zu sprechen, über dessen Verhältnis zu seiner Tochter, ihre Karriere und die Kunst im Allgemeinen. Vater und Tochter leben in einem angespannten Verhältnis gegenseitiger Abhängigkeit, der Doktor steht zwischen ihnen. Einerseits der Vater, der sich von seiner Tochter rücksichtslos behandelt fühlt, andererseits die Tochter, die unter ihrem starren Künstler- und Künstlichkeitsdasein leidet. Der Arzt greift immer wieder auf das Thema des Sezierens einer menschlichen Leiche zurück, formuliert zu allem und jedem naturgesetzhafte Verallgemeinerungen. Während der Vater anfangs nur einzelne Worte des Doktors wiederholt, redet er zunehmend dazwischen und klagt sein Leid. Kurz vor ihrem Auftritt erscheint die Königin, übt noch einmal ihre Koloraturen. Nach der Aufführung dinieren die drei bei den Drei Husaren. Der Doktor setzt seine Leichenzerteilung fort und prophezeit der Königin ein schlechtes Ende aufgrund ihres Hustens. Schließlich sagt sie all ihre weiteren Auftritte ab.

3) Mozart

Wolfgang Amadeus Mozart: 1756-1791

Lorenzo da Ponte: 1749-1838

Geschichtlicher Hintergrund: Französische Revolution!

Mozart als Freimaurer: Die Freimaurerei, auch Königliche Kunst genannt, versteht sich als ein ethischer Bund freier Menschen mit der Überzeugung, dass die ständige Arbeit an sich selbst zu einem menschlicheren Verhalten führt. Die fünf Grundideale der Freimaurerei sind Freiheit, Gleichheit, Brüderlichkeit, Toleranz und Humanität, sie sollen durch die praktische Einübung im Alltag gelebt werden.

Illuminaten: Das Ziel des Illuminatenordens war es, durch Aufklärung und sittliche Verbesserung die Herrschaft von Menschen über Menschen überflüssig zu machen. Mittel war Bildung.

Inhalt „Don Giovanni" (1787):

Den Mittelpunkt bildet die faszinierende und skrupellose Gestalt des Frauenverführers aus Sevilla. In dieses Geschehen reißt er seine Umgebung mit hinein: Donna Anna, die Tochter des Komturs, die er zu verführen versucht und deren Vater er im Zweikampf tötet. Donna Elvira, die er verlassen hat und die zwischen Liebe und Hass schwankt. Zerline, ein junges Bauernmädchen vom Lande, das seiner Werbung fast erliegt. Don Giovanni verkörpert eine Naturgewalt ohne Empfinden für Moral und Verantwortung. Sein Lebensziel ist es, dasjenige weibliche Wesen zu erobern, in das er momentan verliebt ist. Don Giovannis Gegenspieler ist der Komtur, der Inbegriff von Sitte und Gerechtigkeit. Die Flammen der Hölle verschlingen Don Giovanni, als er das steinerne Grabdenkmal des von ihm ermordeten Komturs vom Friedhof zum Gastmahl einlädt und den Ruf zur Buße und Reue mit 3-maligem "Nein" zurückweist. Sein Diener Leporello spielt die Rolle des Harlekins aus der alten Volkskomödie.

Inhalt „Cosi fan tutte" (1790):

Die Oper spielt im Neapel des 18. Jahrhunderts. Die jungen Offiziere Ferrando und Guglielmo rühmen sich, dass die beiden aus Ferrara stammenden Schwestern Dorabella und Fiordiligi, die sie über alles lieben, ihnen niemals untreu werden könnten. Don Alfonso, ein zynischer Mann von Welt, hat aber seine eigenen einschlägigen Erfahrungen und bietet darum Ferrando und Guglielmo ob ihrer Überzeugung eine Wette an. Beide gehen siegessicher darauf ein.

Währenddessen schwärmen sich die Frauen im Garten des Hauses gegenseitig von der unverbrüchlichen Liebe ihrer Partner vor, bis Don Alfonso scheinbar völlig aufgelöst hinzu kommt und ihnen mitteilt, dass Ferrando und Guglielmo auf Geheiß des Königs in den Krieg ziehen müssen. In der folgenden Abschiedsszene besteigen die Männer, nun in Kriegsmontur, schließlich ein Schiff, besetzt von als Soldaten verkleideten Dorfbewohnern. Despina, das Hausmädchen und rechte Hand von Alfonso, versucht, Dorabella und Fiordiligi mit weisen Ratschlägen und Ansichten über Männertreue – insbesondere bei Soldaten – auf andere Gedanken zu bringen. Schon wenig später kehren Ferrando und Guglielmo, nun verkleidet als fremdländische Adlige, ins Haus zurück, wo sie auch sogleich beginnen, die Braut des jeweils anderen zu umschwärmen. Heftig zurückgewiesen, täuschen die beiden exotischen Gestalten ihren

Selbstmord durch Gift vor und werden vom eilig herbeigerufenen Doktor (in Wirklichkeit die verkleidete Despina) in einer Parodie auf die Methoden des Wiener Arztes Franz Anton Mesmer „geheilt". Die weitere, mitleidige Fürsorge wird in die Hände von Fiordiligi und Dorabella gelegt. Als die vermeintlichen Selbstmörder erwachen, fordern sie erneut einen Kuss und werden wieder abgewiesen.

Despina erklärt den Schwestern, dass man Liebe und Treue nicht so wichtig nehmen darf. Doch die Herzen der beiden Mädchen sind schon längst erweicht für die Fremden. In romantischer Atmosphäre „fällt" zunächst Dorabella. Fiordiligi aber folgt noch ihren Gefühlen und beschließt, ihrem Guglielmo in den Krieg nachzuziehen. Sie wird aufgehalten von Ferrando. Er droht, sich zu töten, falls sie ihn nicht erhöre. Da gesteht sie ihm ihre Liebe. Eine Doppelhochzeit wird vorbereitet, doch nachdem die Frauen den Ehevertrag unterschrieben haben, erklingt hinter der Bühne der Militärmarsch, der die „Heimkehr" der Soldaten verkündet. Die verkleideten Ehegatten verlassen heimlich das Zimmer und kommen wieder, nun als Guglielmo und Ferrando. Voller zwiespältiger Freude werden die Männer in die Arme genommen. Don Alfonso spielt den angeblich Heimgekehrten den soeben besiegelten Ehevertrag zu, es kommt zu einer großen Eifersuchtsszene. Die beiden Frauen gestehen zerknirscht ihre Untreue, Ferrando und Guglielmo jedoch, die die Wette mit Alfonso verloren haben, decken ihrerseits den unfairen Schwindel auf. Alfonso befiehlt den vier jungen Menschen, einander zu umarmen und zu schweigen. Despina ist verwirrt und beschämt, dass Don Alfonso sie benutzt hat, tröstet sich aber damit, dass sie es mit vielen anderen genau so macht. Am Ende steht ein Loblied. Glücklich sei der Mensch, der alles nur von der besten Seite nimmt und trotz der Wechselfälle des Lebens, über die er lacht, die Ruhe.

Fiordiligi: Aber ich kann nicht verstehen, wie man sich an einem einzigen Tag so verändern kann.
Dorabella: Eine lächerliche Frage! Wir sind Frauen!

Aloys Greither:

- Don Giovanni wird im Textbuch dramma giosco genannt, während Mozarts Eintrag im Verzeichnis seiner Werke opera buffa lautet, die Komödie fordert einen glücklichen Ausgang, davon kann nicht die Rede sein, wenn der Held in der Hölle verschwinded, das dramma giosco enthält sowohl das komische als auch das tragische Element (S.105)

- Don Giovanni: seine Heldentaten sind seine Verführungen, rücksichtslos, ohne Bedenken und ohne Reue, konzentriert sich ganz aufs Irdische, nie müde, immer heiter, elegant, skrupellos, ohne Glauben und ohne Furcht (S.106)

- Verbindet alle Eigenschaften eines Kavalliers mit seiner Skrupellosigkeit (S.107)

- Er ist ein Lästerer und verübt die schwerste Sünde, indem er die Toten verspottet, das führt zu schweren Strafen (S.107)

- Don Giovanni ist nicht nur unbelehrbar, er ist gottlos (S.108)

- Erste Don Juan-Versionen ab 1630, der erste war wohl ein Tirso de Molina (S.108)

- Was bei da Ponte dazu kam: ein zweiten Akt, die schwerere Verführung Zerlinens, Masettos Prügel, Leporellos Entlarvung, bei Bertatis treten die vier Frauen nie zusammen auf, es kommt zu keiner Verschwörung oder Entdeckung der Mordtat (S.113)

- da Ponte hat die Verführungskünste Don Giovannis gehoben, indem er den Frauen einen höheren Rang gab (S.113)

- Donna Anna schafft es aus untereinander beziehungslosen Liebesabenteuern ein Drama zu knüpfen (S.115)

- Bündnis gegen Don Giovanni wird durch die immer verzeihende Donna Elvira gefährdet (S.116)

- Donna Anna ist die Vornehme der drei Damen und steht Don Giovanni als einzige von Geburt an gleich. (S.116)

- Auch nach dem Tod des Komturs stellt Don Giovanni Donna Anna noch nach, er hört erst auf, wenn er eine Frau verführt hat (S.117)

- Donna Elvira: vielleicht niederer Adel, wahrscheinlich gehobenes Bürgertum, sie liebt Don Giovanni, sie war drei Tage mit ihm verheiratet und wurde dann von ihm verlassen, für ihn hatte sie das Kloster verlassen, Don Giovanni behandelt Donna Elvira wie eine sichere Beute und spricht sie Signora und nicht Madama an (S.119)

- bei da Ponte gibt Donna Elvira ihre Liebe zu Don Giovanni auf, um seine Seele zu retten, bei den Vorgängern hat sie wieder den Habit einer Nonne (S.122)

- Zerlina: Don Giovanni ist nicht ihr erster Mann und sie ist auch nicht in ihn verliebt, wenn ein Mann ihr untreu wird, nimmt sie den nächsten, sie wird am Tag ihrer Hochzeit von Don Giovanni verführt (S.122/123)

- Don Giovanni verführt nur anständige Frauen, denn er will erobern und völlige Hingabe der Frauen (S.123)

- Als Libretto ist der Don Giovanni noch kein Drama (S.124): Was ist ein Drama?

39

- da Ponte trägt mit großem Geschick Einzelheiten eines Vorgangs nach, dessen Ende die Oper einleitete (S.129)

- Masetto ist mit anderen Bauern ausgezogen, um Don Giovanni zu erschlagen. Wie er von seinem Opfer an der Nase herumgeführt wird, gehört, ebenso wie das groteske Spiel Leporellos mit Donna Elvira, zu den besten Erfindungen da Pontes (S.132)

- als Theater auf dem Theater hat die Cosi fan tutte einen intimen kammermusikalischen Zug (S.137)

- Dass es trotzdem zu Versöhnung kommt, liegt im Wesen der wette beschlossen: es war ein Spiel, eine Prüfung, die nicht entzweien, sondern weiser machen soll. Die Frauen, und den Menschen überhaupt, nicht zu idealisieren, seine Grenzen, seine Schwächen, seine Anlagen und Neigungen zu nehmen, wie sie sind, die Vernunft an die Stelle bloßer Affekte zu setzen, und unter rationalen Aspekten dem Leben das bestmögliche abzugewinnen: dies ist die Lehre, die Alfonso, und etwas spöttischer, da Ponte, gibt. (S.146)

- Mozart setzt andere Akzente als da Ponte, er setzt den Schwerpunkt auf die Verstrickung und das raffinierte Spiel der Verstellung und Verführung (S.146)

- Die Versöhnung am Ende ist schwer verständlich und unglaubwürdig (S.147)

- Fiordiligi ist die legitime Erbin der Donna Anna: sie ist standhaft und ihr Gewissen empfindlich (S.148)

- Despina und Don Alfonso sind liebenswert: Sie werden es durch ihre Aktionen; ihr Erfolg belustigt und der Hörer dankt es ihnen mit Sympathie (S.149)

- Die Männer ahnen, dass das Spiel auch umgekehrt hätte laufen können, und sie ahnen, dass ihr Anteil, ihr Mitspielen, ihr falscher Einsatz das falsche Ergebnis gezeitigt hat. (S.155/156)

- "Und führe uns nicht in Versuchung": dies wäre der tiefere Sinn des ganzen Spiels. (S.156)

Hermann Cohen:

- Don Juan spielt im Zeitalter der Ritterromane, daher wohnt ihm die Ironie und Parodie eines neuen Weltalters inne (S.83)

- E.T.A. Hoffmann schreibt, dass Donna Anna von Don Giovanni entehrt wurde (S.85)

- Cosi: Es gibt auffälligste Unwahrscheinlichkeiten in den Verkleidungen und Verwicklungen dieser Personen und dieser Szenen; aber vor allem muss die Frivolität auffallen, mit der hier das Liebesspiel verspottet wird (S.97)

Anna Abert:

- da Ponte hat sich in seinen Memoiren als Entdecker Mozarts ausgegeben (S.78)

- da Ponte hatte Mozart den Don Juan-Stoff vorgeschlagen (S.86)

- da Ponte bediente sich vor allem an der Version von Giovanni Bertati, die am 5. Februar 1787 mit Musik in Giueseppe Gazzaniga in Venedig aufgeführt wurde, der Schwerpunkt von da Ponte lag also nicht auf dem Erfinden, sondern auf dem Umformen, das Werk Bertatis enthielt mehr Personen, da Ponte straffte das Ganze (S.86)

- die Personen sind der opera buffa zuzuordnen, mit Ausnahme des Don Giovanni und den Komtur, sie sind Träger der Moral: der Komtur als Beschützer und Rächer der Tugend, Don Giovanni als ihr Verächter, der durch seinen Untergang gerade ihre Macht beweist. Er bezeichnet es als dramma giosco. (S.87)

- Alles in dieser Oper ist durch Don Giovanni veranlasst oder auf ihn bezogen und die Personen entwickeln sich nur im Hinblick auf ihn. (S.87)

- Alle Figuren mit Ausnahme des Komturs bedeuten nur Stationen an Don Giovannis Weg zum Verderben. (S.89)

- Donna Anna ist passiv, Don Ottavio ist noch passiver, Donna Elvira zeigt sich als Geistesverwandte von Don Giovanni (S.90)

- Abert findet, es gibt einen Entrealisierungsprozess von Figaro zu Don Giovanni zu Cosi fan tutte. Der Inhalt des Figaro sind menschliche Irrungen und Wirrungen wie sie das menschliche Leben mit sich bringt, in Don Giovanni wird dieses Treiben von vornherein am Maßstab des Helden gemessen und dadurch in Frage gestellt, in Cosi fan tutte bleibt das entrealisierte Menschentum allein zurück. Abert sieht das als Beweis für die geistige Einheit von Mozarts Schaffen. (S.93)

- In Prag wurde Don Giovanni gut aufgenommen, in Wien nicht (S.93)

- Das Ziel von da Ponte war bei der Cosi fan tutte eine opera buffa zu schreiben. Das zeigt die beherrschende Rolle, die das parodistische Element bei den Täuschungsmanövern der Männer und den Reaktionen der Frauen darauf spielt. Auch Alfonso und Despina sind Buffa-Typen. (S.95)

- Das marionettenhafte der Paare wird unterstützt, indem sie meist nur nach Geschlechtern getrennt auftreten. Erst als sich die Frauen auf die neuen Liebhaber einlassen, kommt es zu Paarszenen, so dass sich der Zuschauer kaum einen Rücktausch vorstellen kann (S.95)

Herbert Lachmayer:

- Das Libretto zu Cosi fan tutte war ursprünglich für Mozarts Gegenspieler Antonio Salieri bestimmt. (S.342)

- Mesmer gilt als Vorläufer der Hypnose und der psychiatrischen Behandlung Mozart wirkte mal bei einem Konzert auf dem Landhaus von Mesmer mit und gedenkt ihm in der Cosi, indem er die Dienerin Despina die beiden scheinbar sich vergiftet habenden Ferrando und Guglielmo mit Magneten "heilt." (S.344)

Wolfgang Hildesheimer:

- 1776: da Ponte hatte eine Affäre mit einer hochgestellten venezianischen Dame, die ein Kind von ihm bekam und äußerte öffentlich Kritik gegen die bestehende Gesellschaftsordnung, er war Anhänger der Aufklärung (S.226)

- da Ponte war in den späten Dreißigern, als er die drei Libretti für Mozart schrieb. (S.226)

- Mozart hat Don Giovanni von da Ponte, der von Bertati und der von Tiros de Molina und der hat ihn aus der Sage, denn er geistert durch die spanische dramatische Literatur. Dort hieß er Don Juan Tenorio und tötete den Kommandanten der Stadt Ulloa, nachdem er seine Tochter verführt hatte. Nach Hildesheimer ist er der Archetyp eines Frauenhelden erst durch Mozart geworden. (S.231)

- Donna Anna ist angelegt zwischen Racheengel und Heulsuse angelegt, hat eine wahre Deutungsexegese ausgelöst. E.T.A. Hoffmann war der Erste und schrieb ihr eine tiefe unbekämpfbare Leidenschaft für ihren Verführer zu. (S.233)

- da Ponte wollte Don Ottavio lächerlich gesehen haben, man kommt kaum drum herum über ihn zu lachen (S.235)

- die Gestalten der drei da Ponte-Opern sind uns greifbarer und wahrhaftiger als in den Opern zuvor, trotz buffoneskem (S.250)

- Cosi: Frauen sind die Opfer einer Intrige und Männer werden unberechtigterweise in die Position gesetzt, den Frauen verzeihen zu dürfen, während es eigentlich umgekehrt sein müsste (S.296)

- Die beiden Herren spielen ihre Rollen so perfekt, als wollten sie selbst die Untreue ihrer Frauen beweisen. (S.296)

- Beethoven und Wagner haben die Cosi negativ gewertet, weil sie sie moralisch gesehen haben. Da Ponte und Mozart haben sie aber nicht moralisch gesehen, sie haben die Oper geschrieben, weil sie den Auftrag dazu bekommen haben (S.296/297)

- Die Frage, ob die Paare später miteinander glücklich werden, haben sich weder Mozart noch da Ponte gestellt (S.297)

- Figur der Fiordiligi, angelegt in der Figur der Opera seria, weil die Komodie für sie zur Tragödie wird, sie liebt zum ersten Mal, aber eine Puppe (S.298)

- Don Alfonso ist eine entmythologisierte Gottheit (S.299)

- Der Ausruf "Cosi fan tutte" durch die Offiziere steht nicht im Libretto, Mozart soll ihn selbst hinzugefügt haben (S.300)

- Cosi beinhaltet auch Sozialkritik, er hat sie Oper geschrieben, als sich seine Augen schon weit geöffnet hatten (S.300)

- Die Geschichte mit dem Magneten mit dem Despina den Liebhabern das Gift entzieht, kam von Mozart, denn da Ponte kannte Mesmer nicht (S.301)

- Don Alfonso verkörpert den Sieg durch Rationalismus, Despina auf ihre Art auch, Ende zeigt, dass die wahre Liebe für immer verloren sei (S.301)

Kurt Pahlen:

- 28. Oktober 1787: Beendigung des "Don Giovanni" (Musik),
  29. Oktober 1787: Uraufführung in Prag (S.323)

- da Ponte über seine Arbeit am "Don Giovanni": Ich unterzog mich also 12 Stunden täglich hintereinander mit nur kurzen Unterbrechungen zu arbeiten und führte dies zwei Monate lang durc. (S.331)

- Vorläufer des "Don Giovanni"
  1761: Ballett von Gluck
  1777: Oper von Righini
  1787: Oper (Il convitato di pietro) von Gazzangia (S.339)

- 26. Januar 1790: Uraufführung der Oper "Cosi fan tutte" in Wien (S.361)

- Ein wirkliches Ereignis in der Gesellschaft soll den Anstoß gegeben haben, angeblich hat der Kaiser (Leopold II) Da Ponte die Geschichte erzählt. Der Grundgedanke findet sich im Decamerone. (Die Abfassung erfolgte aller Wahrscheinlichkeit nach zwischen 1349 und 1353. 100 Novellen-Werk) (S.363)

- Georg Nikolaus von Nissen (Ehemann von Mozarts Ehefrau und einer der ersten Mozart-Biographen) lobt die Genialität Mozarts im Gegensatz zum furchtbaren Text. (S.364)

- Alles ist Maske, Spiel und Ironie, die ersten Züge sollen nicht ernst gemeint sein und nur zur Gestaltung dienen. (S.365)

Literaturliste:

Thema: Meinungsbildende journalistische Stilformen (Literaturkritik)

- Anz/Baasner (2007): Literaturkritik. Geschichte, Theorie, Praxis, München.

- Lorenz, Dagmar (2002): Journalismus, Stuttgart, S.145-153.

- Mast, Claudia (2004): ABC des Journalismus. Ein Handbuch, Konstanz, S.307-312.

- Pürer, Heinz (1996): Praktischer Journalismus in Zeitung, Radio und Fernsehen, Salzburg, S.187-198.
- Reich-Ranicki, Marcel: Über Literaturkritik. In: Michel, Sascha (2008): Texte zur Theorie der Literaturkritik, Stuttgart, S.240-250.

- Schneider/Raue (2000): Handbuch des Journalismus,Hamburg, S.137-149.

- von La Roche, Walther (2008): Einführung in den praktischen Journalismus, München.

Thema: Merkmale des Absurden Theaters

- Beckett, Samuel (2005): Drei Stücke. Warten auf Godot, Endspiel, Glückliche Tage, Frankfurt am Main, S.9-105.

- Becker, Joachim (1998): Nicht-Ich-Identität. Ästhetische Subjektivität in Samuel Becketts Arbeiten für Theater, Radio, Film und Fernsehen, Tübingen, S.1-19, 31-58.

- Bernhardt, Thomas (1988): Stücke 1 (Ein Fest für Boris / Der Ignorant und der Wahnsinnige / Die Jagdgesellschaft / Die Macht der Gewohnheit), Berlin.

- Bessen, Josef (1978): Ionesco und die Farce. Rezeptionsbedingungen avantgardistischer Literatur, Wiesbaden, S.103-134.

- Braun, Volker (2001): Inszenierungen von Warten auf Godot im Spiegel der Pressekritik. In: Kritische und kreative Rezeptionsformen von Becketts Warten auf Godot, Bochum, S.1-12.

- Daiber, Hans (1976): Deutsches Theater seit 1945, Stuttgart, S.171-180.

- Daus, Ronald (1977): Das Theater des Absurden in Frankreich, Stuttgart.

- Esslin, Martin (2006): Das Theater des Absurden, Hamburg.

- Ionesco, Eugène (2001): Die Stühle / Der neue Mieter, Hamburg.

- Junker, Hedwig (1971): Drama und "Pseudodrama", Frankfurt am Main, S.100-119.

-Köhnen/Jessing (2003): Einführung in die Neuere deutsche Literaturwissenschaft, Stuttgart, S.106-109, S.115-117.

- Reinke, Marianne (1964): Zwei Welten und zwei Zeiten im Werke Eugène Ionescos, Köln, S.4-13.

Thema: Die dramatische Idee in Opern-Libretti von Mozart und Da Ponte

- Abert, Anna Amalie (1970): Die Opern Mozarts, Wolfenbüttel.

- Cohen, Hermann (1915): Die dramatische Idee in Mozarts Operntexten, Berlin, S.83-105.

- Greither, Aloys (1970): Die sieben großen Opern Mozarts, Heidelberg, S.105-156.

- Hildesheimer, Wolfgang (1977): Mozart, Frankfurt am Main.

- Lachmeyer, Herbert (2006): Mozart. Experiment Aufklärung im ausgehenden 18. Jahrundert, Ostfildern, S.308-324, 342-345.

- Mozart, Wolfgang Amadeus (1992): Cosi fan tutte, Stuttgart.

- Mozart, Wolfgang Amadeus (1986): Don Giovanni, Stuttgart. 83-105.

- Pahlen, Kurt (1969): Das Mozart-Buch. Chronik von Leben und Werk, Stuttgart, S.323-340, S.361-374.

48